Le Violoncelle. Guide & méthode p...

© 2019, Malgrat, Philippe
Edition : Books on Demand,
12/14 rond-Point des Champs-Elysées, 75008 Paris
Impression : BoD - Books on Demand, Norderstedt, Allemagne
ISBN : 9782322133710
Dépôt légal : février 2019

En couverture, p 2 et p 80

photo d'une œuvre originale de

Franck Savoye

savoyefranck@gmail.com

Le Violoncelle. Guide & méthode pour débuter

Dépôt légal : février 2019 ; ISBN : 9782322133710

SOMMAIRE

1 l'académisme ou non ?

- Les avantages du violoncelle par rapport aux autres instruments à cordes

2 Les préconisations et les prérequis

- A qui s'adresse ce guide ?
- Le choix de l'instrument
- Le luthier - son rôle
- Le budget
- Le temps disponible – quand jouer ?
- Votre espace musical

3 Les bases de votre apprentissage

- Un peu de solfège - choix des gammes pour débuter
- Un peu de solfège – la main gauche et le doigté
- Un peu de solfège – le mouvement de l'archet et le rythme
- Les leçons pour démarrer

4 La pratique

- La position
- Savoir corder et accorder son instrument
- Les partitions téléchargeables et le son d'accompagnement
- Transporter son instrument
- Comment organiser sa séance musicale

- Déchiffrer un nouveau morceau

5 évolution de votre pratique

- Jouer en groupe
- Les évolutions technologiques au service de l'apprentissage

6 glossaire et partitions

- Doigtés d'autres gammes usuelles jouables en 1ere position
- La description de l'instrument – Le vocabulaire
- Propositions de morceaux praticables et partitions
- Luthiers en région parisienne

7 méthode

- Travail de la justesse
- Travail de dextérité - arpèges
- Travail du rythme
- Morceaux choisis

1 l'académisme ou non ?

Vous avez décidé de jouer du violoncelle parce que vous avez été séduit cet été par un concert de quatuor à cordes, auquel vous avez assisté dans un cadre enchanteur. Ou vous avez été hérité d'un instrument resté dans un grenier depuis cinquante ans. Vous êtes retraité (e) et vous voulez démarrer l'apprentissage d'un instrument…

Académisme ou pas ? Pour un adulte, la question se pose vraiment et le conservatoire est loin d'être la seule solution pour apprendre et entretenir le plaisir de jouer. Posez la question dans votre entourage . Qui a fait le conservatoire et qui pratique encore régulièrement l'instrument ? Vous constaterez que la très grande majorité a abandonné en prétextant le manque de temps . Mais en réalité, c'est vraisemblablement le manque d'enthousiasme dû à cet apprentissage académique ou tout simplement la logique de sélection des meilleurs musiciens qui en est la cause. Sa devise ne pourrait-elle pas se résumer ainsi : « l'excellence ou rien » ?

Mais hormis l'inscription dans un conservatoire municipal ou dans un conservatoire privé , vous ne voyez pas comment concrètement procéder. Très rapidement , on vous a questionné sur votre connaissance du solfège et vous sentez bien que vous n'avez pas le niveau requis. Y a-t-il de la place dans des cours pour adultes ? L'horaire et le jour de disponibilité des leçons du vendredi de 20H00 à 22H00 ne vous conviennent pas… Enfin le coût de l' instrument et de l'inscription au cours vous font réfléchir. Un violoncelle est-il transportable autrement que dans une lourde et volumineuse armure que l'on porte comme un sac-à-dos ?

Tous ces obstacles vous freinent naturellement pour franchir le pas.

Cette approche est là pour vous encourager à essayer si vous acceptez de faire l'impasse sur les œuvres du 19e et du 20e siècle qui demandent une réelle connaissance du solfège. Il faut un peu d'audace et de la persévérance . Quels sont les réels prérequis ?

*Une pièce où vous envisagez de jouer régulièrement. Elle doit être relativement isolée phoniquement (voisins) si vous habitez en copropriété et assez grande pour obtenir la plénitude du son. Sourdine s'abstenir ! Elle inhibe le musicien et aussi l'instrument,

*Un luthier chez qui vous avez déjà poussé la porte et en qui **vous avez confiance**. Un bon luthier est presque plus utile qu'un bon professeur car des professeurs, vous en changerez. Le luthier connaît votre instrument et saura comment pallier ses éventuels défauts sonores.

*Un niveau de solfège basique. Le niveau acquis au collège est suffisant pour jouer des morceaux composés jusqu'à la fin du XVIIIe, ou des thèmes de variété actuels.

*Une disponibilité de trois mois pour démarrer et prendre vos premières leçons. Ce temps est nécessaire pour acquérir avec votre professeur, mais surtout par vous-même, un minimum de justesse ainsi que les doigtés des 3 gammes les plus usuelles. **5 à 10 leçons doivent suffire**.

*Un instrument. Celui-ci peut être loué. Si vous vous décidez pour l'achat, commencez par un violoncelle d'étude.

Après quoi, vous pourrez partir aux iles Kerguelen où en Patagonie et faire votre apprentissage par vous-même…

Plus tard, vous vous imposerez des challenges car vous serez vraiment mordu. C'est l'envie de jouer des œuvres plus difficiles mais magnifiques qui vous fera prendre d'autres leçons pour progresser.

Les avantages du violoncelle par rapport aux autres instruments à cordes

Deux facteurs concourent au choix du violoncelle :

- **La tonalité de l'instrument** : Un instrument aiguë (le violon est dédié à la clé de SOL) est peu tolérant pour l'oreille à une erreur de justesse. Si vous n'exécutez pas correctement le doigté, il en résultera un son désagréable , qui outre vos voisins vous lassera vous-même. La pratique du violon risque de vous décourager avant même que vous n'ayez acquis la justesse d'exécution. Pour s'en convaincre, il suffit d'observer le nombre de violons anciens à vendre dans les marchés… Le violoncelle de tonalité medium (il est centré sur la clé de FA) est plus valorisant et encourageant au jeu. Il tolèrera plus facilement un doigté approximatif , sauf dans les sons aigus évidemment. Cependant , vous trouverez plus difficilement un professeur de violoncelle qu'un professeur de violon.

- **L'ergonomie liée à la tenue de l'instrument** : La façon de tenir l'instrument n'est pas immuable et a évolué au cours des siècles. Le violoncelle était tenu verticalement et posé sur un coussin au temps de Lully. Par la suite, sa tenue s'est rapprochée de celle de la viole , soit entre les jambes. On lui a ajouté une pique de façon à pouvoir le maintenir à la hauteur et inclinaison désirées.

    Le violon se tient aujourd'hui de deux façons différentes. La tenue européenne ci-dessous qui oblige pour le jeu à pivoter le poignet . Dans cette position (je vous invite à essayer à vide pour vous rendre compte), il est relativement difficile d'appuyer avec force avec le 4e doigt et ce d'autant plus, si l'on doit le faire sur la corde grave. En simulant cette position, on se rend compte aisément de la difficulté ergonomique qu'elle présente. N'entend-on pas souvent des violonistes débutants dire qu'ils leur faut travailler la dextérité du 4e doigt ?

Certains Hindous, qui pratiquent le violon ont adopté une position différente, plus ergonomique. Ils jouent accroupis et tiennent le violon verticalement en le posant sur le mollet. Le problème du vrillage du poignet est ainsi évité. Les Chinois ont également un instrument à corde le « ehru », cousin éloigné du violon, qu'ils tiennent de la même façon.

Les Tziganes pratiquent le violon avec une dextérité sans pareille (souvenons-nous d'Ivry Gitlis). Ils jouent en pivotant vers l'intérieur la table du violon selon son axe longitudinal. Ainsi, la torsion du poignet est moindre.

2 Les préconisations et les prérequis. A qui s'adresse ce guide ?

Aux adultes plutôt mélomanes qui aspirent avant tout à se donner le plaisir de découvrir et de jouer d'un instrument. Vous n'êtes pas dans la norme et les conventions. Alors ce propos est fait pour vous. Je vous rassure. **Pas besoin d'années de solfège**. Pas besoin des brimades du professeur du conservatoire, parce que décidément, vous n'avez pas travaillé le rythme et le coup d'archet depuis la dernière séance… alors que vous y avez passé trois heures. Combien de jeunes apprentis musiciens ont abandonné alors qu'ils ont acquis une pratique tout à fait suffisante pour pouvoir jouer déjà, un répertoire très conséquent ?

A quoi bon le concerto de Chostakovitch ou celui de Ravel, ou le prélude de la 4e suite de Bach…. Si vous vous en contentez, il existe tout un répertoire baroque , y compris les trois premières suites de Bach, que vous pourrez jouer et qui ne demandent, quoiqu'on en dise, pas de virtuosité particulière dans l'exécution.

Le violoncelle se rapproche pour moi **des instruments à vent** en ce sens que l'on ne peut y produire que des notes successives et non simultanées, contrairement au piano ou même à la guitare. Les partitions pour basson et pour violoncelle, sont d'ailleurs identiques. Bien sûr il y a les doubles cordes et les trilles. Mais ce n'est pas la majorité du jeu.

Une autre analogie est que le **son du violoncelle se fabrique**. Avec la main droite, le coup d'archet, peut être rapide ou lent , tiré ou poussé, doux ou avec une attaque , fort ou léger, lié ou non pour le jeu d'une double croche ou d'un triolet... Avec la main gauche , avec ou sans vibrato, selon le choix de la position. Il y a donc une infinité de possibilité de production des notes. De plus, un répertoire riche à la portée du débutant n'exige pas de virtuosité du jeu. Je veux dire par là que la rapidité dans l'exécution est loin d'être la règle. On peut donc consacrer tout son plaisir et son temps à fabriquer un son ample et riche. L'instrument, pour peu que vous jouiez dans une pièce dont l'acoustique est valorisante vous le rendra et vous motivera pour poursuivre. **On ne joue d'ailleurs jamais assez lentement pour obtenir le plein potentiel de plaisir** que procure cet instrument.

On peut apprendre tout seul. J'en fais ici le témoignage. Bien sûr, le résultat n'est pas parfait , mais à la différence d'anciens du conservatoire, je continue de jouer après 10 ans de pratique et j'y prends toujours du plaisir !

Résumé des avantages d'un apprentissage par vous-même:

- *Pas besoin d'une connaissance approfondie de solfège pour pouvoir jouer un répertoire baroque déjà riche.*

- *Pas besoin de virtuosité dans l'exécution. Il faut consacrer son énergie à fabriquer le son en prenant son temps. C'est ce qui procure le plaisir.*

Le choix de l'instrument

On distingue vulgairement les instruments dits à caisse « moulée » et les instruments dits à caisse « taillée ». On parle ici du mode d'élaboration de la table d'harmonie et du fond constituant la caisse de résonance. Les instruments d'étude, sont réalisés dans des fabriques d'Europe centrale ou de Chine qui produisent en grande quantité et exportent dans le monde entier. La facture de l'instrument est telle que la durée d'élaboration est minimisée pour gagner sur le coût de fabrication et le temps de séchage du bois. La table et le fond sont réalisés à partir de « planches » d'épicéa et d'érable qui seront mis en forme par pressage et étuvage pour obtenir le galbe voulu. Le vernis est synthétique et l'aspect final obtenu sans ponçage. Le violoncelle d'étude est aisément reconnaissable à l'aspect lisse et uniforme du bois constituant le fond et les éclisses :

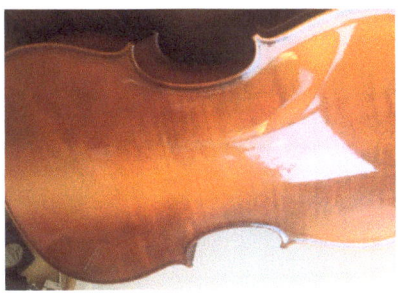 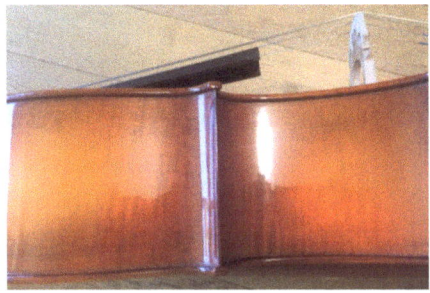

Les instruments de joueurs professionnels sont fabriqués en Europe occidentale par des luthiers ou en Europe de l'Est et en Chine par les mêmes fabriques précitées. Les éclisses et le fond en **érable ondé,** dont l'aspect se caractérise par des marbrures, sont issus par « taillage » au rabot de blocs de bois qui ont préalablement été séchés cinq à dix ans. Bien souvent, ce rabotage est obtenu mécaniquement par une machine de duplication guidée par un gabarit. Le rabotage n'étant effectué qu'à la fin du taillage, pour homogénéiser et corriger les épaisseurs qui varient entre quatre et cinq millimètres , entre le milieu et les bords des faces.

Le vernis est à base d'huile. Il nécessite un ponçage minutieux entre chaque couche. Un instrument fini peut comporter de sept à dix couches , dont chacune aura été poncée ! La facture complète d'un instrument de ce type nécessite au minimum trois mois d'élaboration.

Un violoncelle élaboré à partir de cette technique traditionnelle sera plus léger et plus « nerveux » que celui réalisé par galbage et étuvage. La plénitude des sons sera meilleure, particulièrement dans les graves. J'ai acquis personnellement un instrument de ce type après avoir commencé sur un violoncelle d'étude. Je me suis rendu dans la fabrique GLIGA située dans les Carpates en Roumanie et l'ai visitée. J'ai pu observer les différentes étapes d'élaboration et ai pu essayer différents instruments. Franchement cela vaut le coup de faire le voyage et la visite, au vu de la ristourne que la fabrique vous octroiera, comparativement au prix pratiqué dans un magasin d'instruments. C'est une affaire de passion !

Le luthier – son rôle

Il ne faut pas confondre ce que l'on entend par luthier et par marchands d'instruments , qu'ils disposent ou non d'un pas de porte ou d'un site de vente sur internet. Le luthier assure un service après-vente, mais plus que cela ; celui de conseiller mais aussi de « médecin » de votre instrument qui, au fil du temps, peut voir son timbre dériver défavorablement... Je dis volontairement médecin car le luthier sait diagnostiquer puis remédier, souvent gratuitement d'ailleurs, au problème auquel vous êtes confronté.

Il sonne mal , le timbre est rauque. Cela peut être dû à la position relative de l'âme par rapport au chevalet. Un réglage s'impose.

Le son est vraiment très étouffé et il sonne bien moins fort qu'avant les vacances. Les pieds du chevalet n'épousent pas parfaitement le galbe de la table d'harmonie. Il faut le retailler ou le remplacer s'il est déjà un peu tordu par la pression des cordes.

Impossible de jouer la corde III sans frotter sur la corde II. Cela se produit systématiquement sur une attaque. L'étagement du chevalet est-il mauvais ? Il faut peut-être le retailler ? L'interposition d'un morceau de parchemin sous la corde III peut simplement résoudre le problème …

L'âme est tombée. Impossible de la récupérer dans la caisse de résonance. Il faut savoir que la caisse d'un instrument neuf se galbe sous la pression exercée par l'âme. Au bout d'un an , il faut la remplacer par une âme plus longue qui mettra à nouveau la caisse en contrainte.

Mon instrument a subi un choc. J'ai l'impression qu'il est fendu.

Il sonne trop fort. Mes voisins se plaignent. Comment réduire la puissance sans recourir à une sourdine ?

Voilà quelques exemples de problèmes qui nécessitent l'intervention d'un luthier. J'espère vous avoir convaincu ?

L'autre avantage de recourir à un **luthier est qu'il loue des instruments** pour les élèves du conservatoire d'à côté. Si vous ne voulez pas trop vous engager de prime abord dans l'achat d'un instrument, cela peut-être une bonne solution. Vérifiez quand même qu'il dispose d'instruments **de taille 4/4, soit pour adultes**.

Le budget

Si vous hésitez et n'êtes pas sûr de vous lancer pour au moins un an dans l'apprentissage de cet instrument. Adoptez la solution location.

*Comptez un budget de **25 à 35 € par mois pour l'instrument**. Un montant de garantie est à acquitter au départ. Prévoir de l'assurer pour couvrir les risques de vol ou de casse.

* Achat des **accessoires indispensables** : **150 €**

***Cours :** Comptez de **25 à 50 € la leçon**. Budgétez au moins 5 leçons pour démarrer.

Truc utile : Il est bien plus préférable de faire venir votre professeur **chez vous** plutôt que de vous rendre chez lui ou à un conservatoire privé. La prestation sera alors considérée **comme emploi à domicile et ainsi défiscalisée**. En pratique, **elle ne vous reviendra qu'à la moitié du prix facturé.**

Quelques sites comme **ALLEGROMUSIQUE** (plutôt région parisienne) et **VIOLON-CELLO** (plutôt province), sont spécialisés pour vous trouver un professeur qui se déplacera chez vous.

*ature **Pas de leçons et de méthode de solfège à prévoir.** Vos souvenirs de collégien (ne) suffiront !

*Si vous êtes confiant pour vous lancer, je vous conseille de démarrer **par l'acquisition d'un violoncelle d'étude , soit de 450 à 1000 €** et plus tard d'un violoncelle semi-professionnel , dans la mesure où vous disposez d'une pièce pour jouer, de bonnes qualités acoustiques.

Malgré les publicités alléchantes sur internet, **ne vous lancez pas dans l'acquisition d'un instrument à très bas coût** que l'on trouve à partir de 200 à 300 €.

Ci-après , des ordres de grandeur de prix d'accessoires indispensables:

* **housse :** 40 € (même si vous louez, on vous demandera vraisemblablement d'acheter une housse. Reportez-vous au chapitre 4 transport et ayez à l'esprit qu'une coque de protection pour avion coûte le même prix qu'un instrument semi-professionnel. Il est inutile, même si vous envisagez de vous déplacer avec votre instrument, de vous engager dans cette dépense somptuaire !

***Colophane :** 15 €

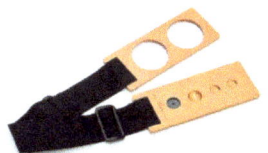

***Cale-pique de violoncelle** : 20 à 35 €

***métronome :** 15 à 40 €

***un jeu de cordes** : 120 à 250 € (si on vous les facture dans le cas d'une location),

Préférez, même pour débuter, des cordes de qualité et de grande marque de type LARSEN ou JARGAR.

***pupitre pliable** pour les partitions: 20 €

***méthode :** Feuillard – méthode du jeune violoncelliste : 30 €

***archet** : 70 à 200 €

***cordier acoustique** avec 4 molettes de réglage : 110 €

***prestations de luthier** comme le changement de l'âme, du chevalet ou le reméchage de l'archet : 130

Le temps disponible - quand jouer ?

Point trop n'en faut. Au début, ne pas consacrer plus d'une demi-heure à l'étude d'un morceau , hors temps d'installation et d'échauffement qui peut peuvent prendre un quart d'heure supplémentaire. Après l'acquisition d'une certaine aisance dans l'exécution vous pourrez jouer de une heure à une heure trente. Cette heure pourra être consacrée à jouer deux ou trois morceaux différents. Evitez de vous polariser sur le même morceau pendant des mois en escomptant atteindre la perfection. Vous lasserez votre auditoire, vos voisins et en fin de compte vous vous lasserez vous-même !

Il est de loin préférable de **jouer le matin** . Vous constaterez que c'est à ce moment que votre corps et votre cerveau ont la meilleure aisance et disponibilité. Privilégiez cette période de la journée pour travailler la dextérité ou le déchiffrage d'exercices ou de morceaux difficiles. La pratique le soir après le travail et un long moment de transport est bien sûr possible, si vous ne pouvez pas faire autrement. Mais privilégiez la détente pour cette période en ne s'attaquant qu'à des morceaux faciles et que vous avez déjà joués maintes fois. Dès que le jeu commence à se dégrader par manque d'attention , de concentration ou de dextérité, arrêtez de jouer et posez votre instrument. Il faut proscrire la pratique après le repas du soir , surtout s'il a été arrosé. C'est un paradoxe de constater que les concerts n'ont lieu que le soir et souvent à une heure tardive. Ce n'en est que plus méritoire pour les musiciens qui ne sont pas au mieux de leur forme. Vous verrez, vous le constaterez vous-même au fur et à mesure de votre pratique !

Pour progresser, il est souhaitable de jouer au moins deux fois par semaine et une heure à une heure trente en matinée le week-end.

Il existe un signe distinctif pour savoir si vous jouez suffisamment : une certaine callosité de la pulpe de vos doigts gauches se formera (à force d'appuyer sur les cordes) . Vous maintiendrez votre niveau sans progresser si vous ne jouez qu'une fois par semaine. Si vous voulez vraiment passez un cap significatif dans votre progression, il faut prendre des leçons. Prévoir dans ce cas cinq à dix leçons consécutives à domicile.

Pour différentes raisons pratiques comme la place disponible, l'absence de gêne sonore de voisins, Il faut proscrire une pratique qui ne se limiterait qu'aux périodes de vacances. Car comme pour la pratique d'une langue étrangère in situ, vous allez passer l'année à perdre ce que vous avez appris en vacances.

Votre espace musical

Personne n'en parle mais pour vous rendre compte, regardez et écoutez les vidéos sur YOUTUBE des suites de Bach interprétées par de grands musiciens. Unanimement, ils ont choisi une église comme écrin, pour valoriser leur jeu.

Mon avis est que **le lieu où l'on joue revêt autant d'importance que l'instrument lui-même** pour la qualité du son. Le violoncelle est un instrument assez sonore. Si vous pratiquez dans un local de petite taille, typiquement une chambre de 10 à 15 m2 , vous aurez alors une saturation du son qui vous conduira lorsque vous jouerez, à retenir votre main droite. A force, vous acquerrez un défaut et n'obtiendrez pas la plénitude de votre jeu.

Je pense que **la sourdine**, qu'elle soit en caoutchouc ou pire en métal, **est à proscrire**. Si vous commencez à jouer avec une sourdine, vous allez prendre confiance dans cette pratique qui va devenir une habitude difficile à quitter. Le fait de jouer à un niveau sonore réduit, rassure, surtout quand la justesse et le rythme font défaut, ce qui est normal au début. Votre interaction avec l'environnement, vos proches, vos voisins et vous-même sera certes limitée. Elle finira par vous encourager dans cette pratique d' inhibition.

Il faut savoir également qu'un instrument neuf, s'il est perpétuellement bridé par une sourdine , ne développera pas avec le temps la plénitude de son timbre. J'ai eu cette expérience avec un instrument semi professionnel , de sonorité assez puissante , que j'ai bridé avec une sourdine métallique. Après quelques années, il devenait de plus en plus rauque et j'envisageais même de le vendre tant il devenait désagréable à l'oreille. Je l'ai fait régler chez un luthier puis ne l'ai utilisé que dans une grande pièce sans sourdine où sa sonorité a retrouvé petit à petit, toute sa plénitude.

Justement, quelle type de pièce serait idéale pour la pratique du violoncelle ?

Ce n'est qu'une opinion basée sur ma propre expérience car je ne suis pas acousticien. Mais, il me semble qu'une pièce plutôt rectangulaire, d'une surface minimale de l'ordre de 30 m2 et **surtout haute de plafond** , soit de 3,5 m à 5 m, donnerait toute satisfaction. La pièce doit produire une très légère réverbération, ce que l'on peut discerner en tapant dans ses mains.

Une cave voutée plus modeste en taille peut également faire l'affaire.

La possibilité de jouer dans une pièce acoustiquement satisfaisante est presque pour moi **le facteur le plus important pour décider de l'apprentissage d'un instrument.**

3 Les bases de votre apprentissage

Un peu de solfège – choix des gammes et des partitions pour débuter

La clé de FA est celle qui est de loin la plus usuelle des partitions pour violoncelle :

On trouve également des partitions de musique baroque pour violoncelle en clé d'UT :

Comme débutant, on évitera cependant de recourir à des partitions écrites en clé d'UT pour éviter des confusions dans l'apprentissage des doigtés.

Pour toute clé, il existe des tonalités majeures et mineures. Pour notre apprentissage, on ne retiendra au début que les trois gammes suivantes les plus usuelles avec leur notation codifiée :

- La gamme de DO MAJEUR

- La gamme de SOL MAJEUR

- La gamme de FA MAJEUR

Pour la suite, vous n'avez pas besoin de connaître par cœur le nom de ces gammes. Retenez uniquement leur notation graphique.

Il n'est pas non plus nécessaire de retenir le nom des notes sur la portée ainsi que la note de chaque corde jouée à vide. Les anglo-saxons désignent d'ailleurs les cordes par I , II , III , IV . La corde I étant la plus aiguë.

Lorsque vous sélectionnerez des partitions que vous voulez jouer , ne retenez que celles écrites en clé de FA ainsi que dans l'une des trois gammes usuelles précitées.

Il faut éviter les partitions annotées des symboles suivants, réservées à des musiciens confirmés :

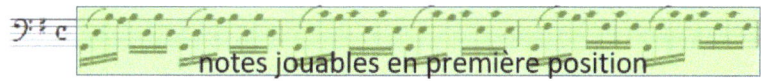 etc….

Les notes dont la justesse est la plus facile à obtenir sont d'une part les cordes à vide et d'autre part celles qui résultent de l'appuis des doigts de la main gauche sur les cordes, lorsque celle-ci est en position haute sur la touche. On **appelle la position haute de la main gauche, la première position.** Vous privilégierez donc les partitions jouables en première position. Cela est visualisable sur la portée par la plage de notes suivante :

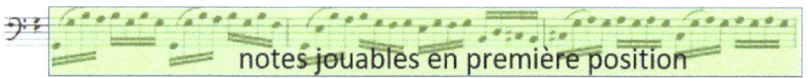

La difficulté du jeu de la main gauche vient avec les notes très aiguës. Pour cela on adopte d'autres positions. On devra la placer plus bas , de plus en plus près du chevalet selon que l'on cherche à obtenir des notes de plus en plus aigües. Cela correspond aux 2eme, 3eme, 4eme position, etc. On peut ainsi jouer du violoncelle dans une tonalité très aigue , analogue à celle du violon . Mais cela exige une grande pratique. Les partitions à éviter pour un débutant intègrent une plage de notes aigües que l'on peut visualiser comme suit :

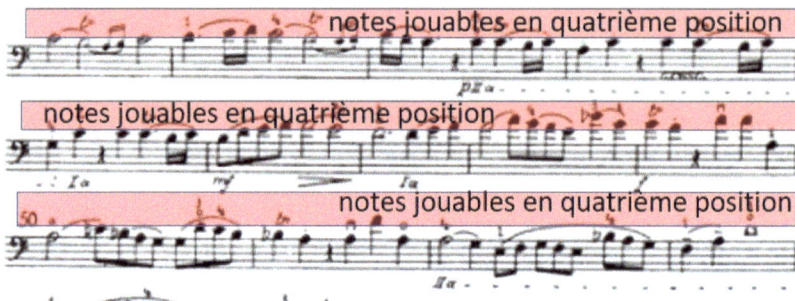

Ces points de repère doivent vous aider à sélectionner par un coup d'œil rapide, les partitions qui pourront vous convenir et celles qui nécessitent une pratique de musicien confirmé.

Afin que vous puissiez jouer les notes de la portée, je vous propose maintenant d'associer à chaque note et pour une gamme donnée, le doigté approprié.

Un peu de solfège – la main gauche et le doigté

La méthode ci-jointe s'inspire de celle enseignée pour la guitare. La touche du violoncelle ne comporte cependant pas de sillets ou de repères, comme sur le manche de la guitare, sur lesquels on appuie les doigts de la main gauche pour trouver la justesse des notes. Il y a deux raisons à cela.

Le violoncelliste regarde sa partition ou le chef d'orchestre mais jamais sa main gauche en jouant. En première position, cela devient d'ailleurs impossible de regarder ses doigts positionnés pratiquement au niveau de la joue,

La combinaison des positions et des gammes, comportant parfois des notes dites altérées, nécessiterait d'intégrer à la touche une quasi infinité de sillets, source de confusion plutôt que d'aide pour le musicien.

Pour ces deux raisons, le violoncelliste comme d'ailleurs le violoniste se sert de doigtés. Chaque doigt se positionne par automatisme à la position voulue sur la touche.

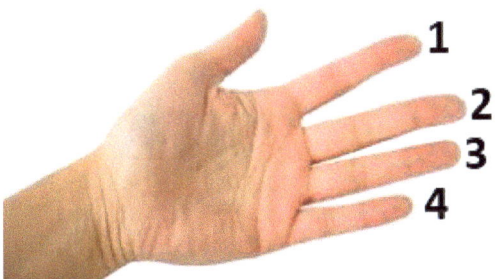

On note d'abord la convention suivante de dénomination des doigts ; à savoir « 1 » pour l'index, « 2 » pour le majeur, « 3 » pour l'annulaire et « 4 » pour l'auriculaire.

Pour chacune des gammes évoquées au paragraphe précédent, il correspond une position d'appuis des doigts de la main gauche sur la touche destinée à obtenir la note désirée.

En reprenant la gamme de **DO MAJEUR** , la position des doigts sur les cordes I, II , III, IV, est illustrée sur la figure ci-jointe:

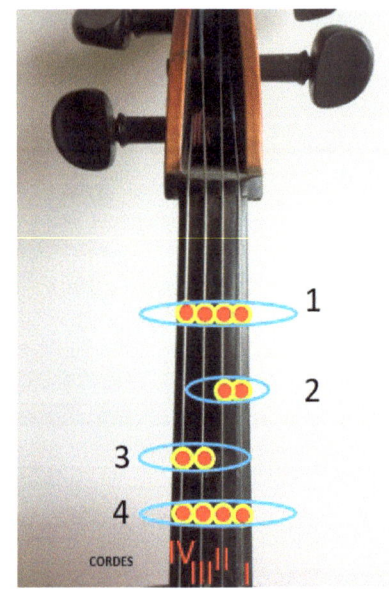

En réalité pour décliner la gamme complète , on joue en première position et pour chaque corde , d'abord la corde à vide , puis trois notes correspondant aux doigts (1 , 2 , 4) ou (1 ,3 , 4) . En illustrant les doigtés sur la partition cela donne :

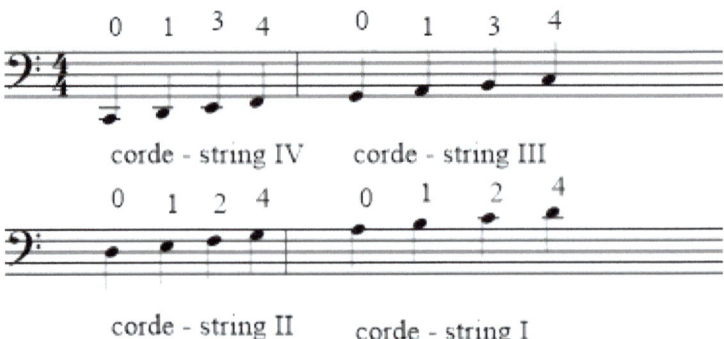

Le doigté de la gamme de **SOL MAJEUR** est légèrement différent de celui de la gamme précédente pour les cordes II et IV.

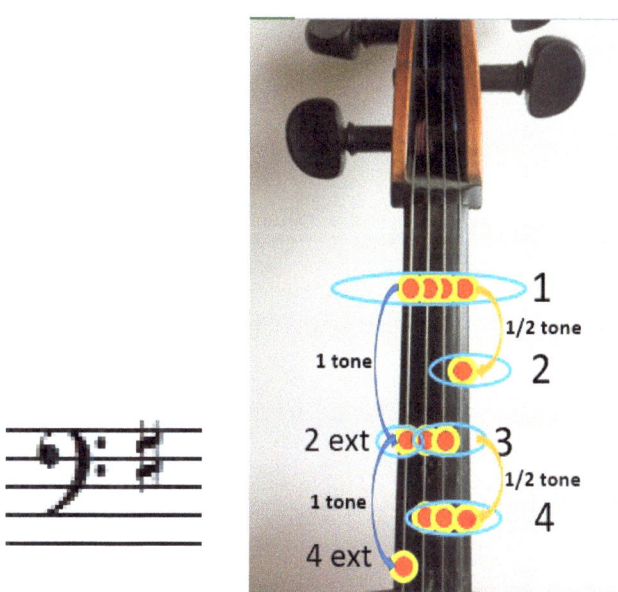

La mention « ext » signifie extension des doigts. Il faudra en effet écarter plus franchement les doigts entre le doigté « 2 » et le doigté « 4 » de la corde IV qui constitue une altération que l'on peut aussi noter « ♯ ». Transcrits sur la partition, ces doigtés deviennent :

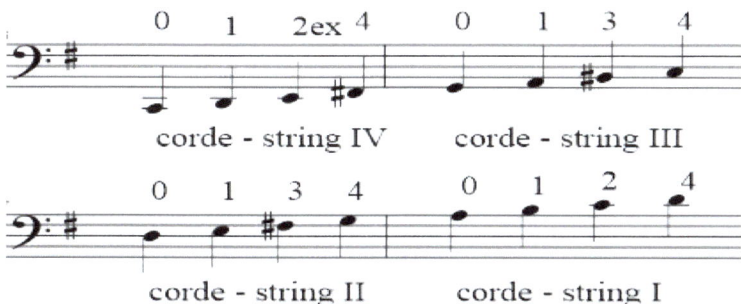

Le doigté de la gamme de **FA MAJEUR** est :

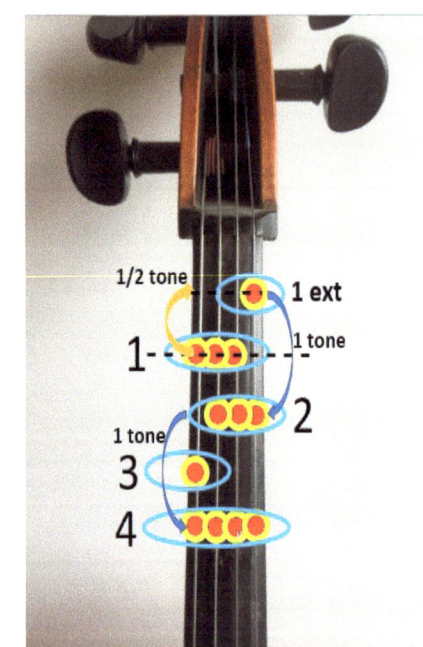

Le doigté « 1 » de la corde I donne lieu également à une extension de l'index. Il faudra le positionner plus haut sur la touche de manière à jouer un demi ton plus bas. Cette altération est notée « ♭ ».

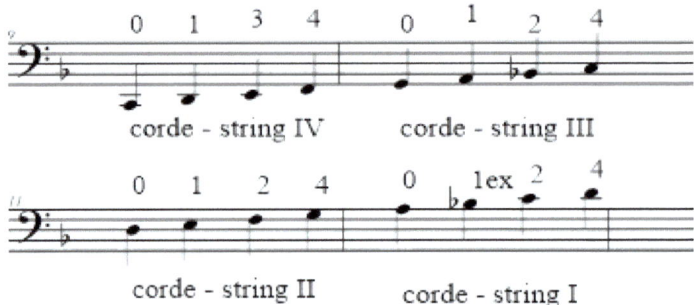

Il vous reste à travailler **l'écartement entre les doigts pour obtenir et consolider la justesse**. Je vous recommande dans un premier temps d'exercer votre doigté avec une méthode, avec laquelle on peut **écouter la note jouée en suivant la partition** (voir 2 , la méthode du jeune violoncelliste de Michel Tournus), puis avec un professeur dans un deuxième temps.

Ce paragraphe est le plus important à assimiler pour l'apprentissage de votre instrument.

Une fois la justesse trouvée , **n'hésitez pas à marquer les doigtés avec des gommettes à coller sur la touche** :

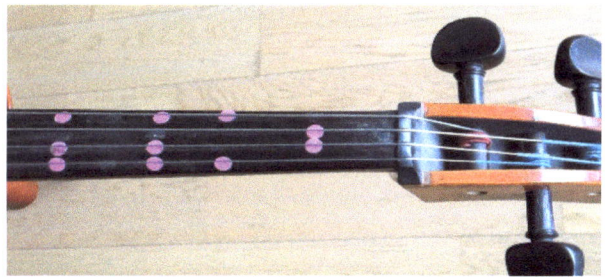

N'apprenez et ne travaillez qu'une seule gamme à la fois !

<u>*Résumé sur l'apprentissage des gammes et des doigtés:*</u>

- *Restreignez-vous lors du choix ou de l'acquisition des partitions avec lesquelles vous débuterez. Commencez par le plus simple, les trois gammes les plus courantes et la première position.*

- *Nul n'est besoin pour votre pratique de connaître le nom des notes, ni des notions complexes de solfège comme la succession des notes entières , altérées, etc... Seule la reconnaissance visuelle des gammes et de la correspondance entre les notes et le doigté importent.*

- *N'hésitez pas à coller des gommettes sur la touche de votre instrument pour vous servir de point de repère. Ne travaillez dans ce cas qu'une seule gamme à la fois.*

> - *Travaillez la justesse des doigtés c'est-à-dire la distance entre la position des doigts de la main gauche avec une méthode « sonore » dans un premier temps , puis avec un professeur dans un deuxième temps.*

Un peu de solfège – le mouvement de l'archet et le rythme

Le rythme est significativement plus difficile à acquérir que la justesse. On pense pouvoir résoudre le problème en s'aidant d'un métronome. Ce n'est qu'en partie vrai. Le métronome vous permet de maintenir le bon **tempo** , du début jusqu'à la fin du morceau. La tendance naturelle consiste en effet à accélérer insensiblement. Si vous avez déjà quelques mois de pratique, vous pouvez maintenant travailler le mouvement de la main droite, ce qui vous permettra de maîtriser le rythme au sein de chaque mesure.

Il faut considérer deux rythmes. Le rythme général est le **tempo** de la mélodie. C'est la pulsation que vous donnera le métronome, qui va de lente (Largo, puis Moderato) en passant par (Andante) et croissante jusqu'à Allegro). Ce n'est pas le point le plus délicat à travailler.

Le rythme « local » consiste à **respecter la durée relative de chaque note au sein de chaque mesure.** C'est là qu'est la difficulté. Il existe des « règles » que vous enseignera votre professeur. Mais sachez-le, aucune n'est applicable dans toutes les situations. Il faut bien souvent les combiner.

La main droite pilote le rythme. Aussi on cherchera à **rendre le plus régulier que possible le mouvement relatif de balancier de l'archet**, de la gauche vers la droite , puis de la droite vers la gauche. On peut d'ailleurs s'exercer à vide pour travailler la régularité.

Les partitions mentionnent parfois le mouvement d'archet à respecter à l'aide des trois symboles principaux suivants :

Le symbole ⊓ signifie **tirer** l'archet et respectivement le symbole ⋁ signifie **pousser.**

Les notes liées à jouer dans le même coup d'archet sont notées comme suit :

Règle n°1 :

Exécutez en jouant, un mouvement de balancier régulier de l'archet de gauche à droite puis de droite à gauche en s'assurant à chaque fois **d'une course complète**, de la garde jusqu'à l'extrémité. On peut s'aider du repère que constitue la longueur de l'archet. Ainsi pour exécuter les notes :

*une ronde = 4 temps = 1 longueur complète d'archet

*une blanche pointée = 3 temps = ¾ de longueur d'archet

*une blanche = 2 temps = ½ de longueur d'archet

*une noire = 1 temps = ¼ de longueur d'archet, etc…

On ne peut cependant difficilement aller plus loin dans l'exécution des notes prises individuellement, en leur attribuant une portion de longueur d'archet, comme pour les doubles croches, les triolets… D'où les limites évidentes de cette méthode qui ne fonctionne que lorsqu'il existe sur la portée, une relative homogénéité de durée des notes et de groupes de notes liées entre elles. Par exemple des noires avec des croches et doubles croches. Des blanches avec des noires, etc…

Cette règle est cependant particulièrement appropriée pour jouer une **succession d'arpèges ou une combinaison d'arpèges** et de notes isolées comme suit :

Dans cette exemple, la mesure fait 4 temps. Au sein de chaque mesure on jouera les 4 notes liées en un coup d'archet en tirant, puis la note blanche en un coup d'archet en poussant. Ainsi chaque coup d'archet fera 2 temps et sa vitesse et sa course seront les mêmes dans chaque sens. Vous pouvez donc ici vous passer du métronome !

Règle n°2 :

Pour des raisons musicales, c'est-à-dire pour mieux faire ressortir les attaques et imprimer de la personnalité à votre jeu, il est souvent préférable d' **entamer la mesure en tirant**. On joue en effet plus fort en tirant qu'en poussant.

La durée de la mesure est constante tout au long du même morceau.

Il faut donc se débrouiller pour répartir les coups d'archets dans chaque mesure de telle sorte de se **retrouver en position de tirer au début de la mesure suivante**. L'application de cette règle est évidemment plus facile pour **un nombre de temps pair** dans la mesure.

Exception : Parfois cependant, le morceau débute par une mesure incomplète. Dans ce cas, on débutera toujours le morceau en poussant.

Dans l'exemple suivant, la mesure comporte 3 temps, soit un nombre de temps impair.

On attribuera 2 temps pour le mouvement relatif de balancier de la gauche vers la droite , puis 1 seul temps de la droite vers la gauche. La vitesse de l'archet sera différente. Cependant, le mouvement de va et vient de l'archet sera identique d'une mesure à l'autre.

Il y a cependant une rupture franche du mouvement de l'archet en appliquant la règle n° 2, entre la 3e et la 4e mesure de la 2e ligne. Dans la 3e mesure , on jouera chaque noire d'un coup d'archet puis les 4 notes liées de la 4e mesure d'un seul coup d'archet en tirant.

Cette dernière situation , à partir du moment où le mouvement d'archet ne vous permet plus de scander correctement le rythme , peut admettre un compromis, c'est-à-dire un autre découpage des coups d'archets. Répartissez-les selon votre guide et votre meilleure aptitude à jouer les notes. Prenez aussi votre liberté !

Résumé sur l'apprentissage du rythme et de la main droite:

- ***Ne travaillez le rythme que lorsque vous avez déjà acquis une certaine aisance de la justesse. Démarrer votre apprentissage en travaillant simultanément les deux choses, risque de vous demander un effort de concentration et de coordination des gestes***

- *, trop important. Cela risque de vous décourager et donc d'abandonner.*
- *Ce n'est pas le métronome qui vous aidera le mieux à jouer en rythme mais le mouvement régulier de l'archet. Exercez-vous à jouer à vide, le plus régulièrement que possible et avec le même tempo.*
- *Analysez votre partition. Puis identifiez pour celle-ci la règle qui s'applique le mieux. Au besoin, annoter la en inscrivant les coups d'archet appropriés (tirer, pousser).*
- *Une relative maîtrise du rythme est indispensable pour jouer en groupe avec d'autres musiciens.*

Les leçons pour démarrer

Pour vous lancer efficacement dans votre apprentissage en solo, il est nécessaire de prendre quelques leçons préalables. Mais pour que celles-ci soient profitables, il faut que vous soyez **précis voire directif vis-à-vis de votre professeur** sur ce que vous voulez travailler. Le démarrage de leçons avec de grands débutants n'est pas fréquent. Aussi il **est indispensable de préparer le terrain** de façon à éviter qu'il improvise et qu'il se livre immanquablement à des réflexes d'enseignement de type académique, gourmand en durée mais sans toujours apporter une réelle valeur ajoutée.

Il n'est vraiment pas utile et c'est de l'argent gâché, qu'un professeur soit là pour assister à vos exercices de rythme ou de tenue d'archet pendant des heures.

Il faut donc anticiper les leçons et **ne solliciter le professeur que pour acquérir les bases indispensables** pour la poursuite de votre apprentissage de façon autonome. Quelles sont-elles ?

Avant de rencontrer votre professeur, vous devez vous munir de l'instrument, des accessoires, **d'une méthode** (celle de L.L. FEUILLARD par exemple) à défaut celle jointe – travail de la justesse, **ainsi que de gommettes**.

Les cinq premières leçons pourront ainsi être organisées selon les apprentissages suivants :

1) **Apprenez la position , la tenue de l'archet et les mouvements de l'archet** en travaillant le déroulé du bras droit lors de mouvements réguliers en poussant et en tirant.

2) **acquerez le doigté de la gamme de DO MAJEUR**. Faites vérifier le bon accord de votre violoncelle et **placez avec votre professeur les gommettes pour toutes les cordes**, des doigtés en première position correspondant à cette gamme. Exercez-vous à descendre cette gamme à partir du doigté 4 de la corde I. Après la leçon et par vous-même, exercez-vous à monter la gamme depuis la corde IV à vide.

3) **montez et descendez la gamme de DO MAJEUR en travaillant la justesse et la régularité du mouvement d'archet**. Faites des courses complètes d'archet en travaillant la régularité de la vitesse et de la pression.

4) **Commencez les leçons 1 et 2 de la méthode L.R. FEUILLARD**. Pour débuter, apprenez à lire une portée. Vous jouerez en annotant le doigté de toutes les notes au crayon en vous concentrant sur la justesse et le doigté. Vous pouvez aussi démarrer avec la méthode jointe

Ménagez-vous 2 à 3 semaines pour travailler tout seul les leçons 1,2,3 jusqu'à 5 incluses de la méthode Feuillard.

5) réservez la 5e et dernière leçon pour vérifier avec votre professeur la consolidation de vos acquis des leçons 1 à 5 . Pas trop longtemps, de façon à démarrer la leçon 6 ! **Démarrez l'apprentissage des notes liées et l'enchaînement de notes de durée variable** (noires et blanches).

Vérifiez que vous êtes capables de travailler par vous-même les leçons 6 , 7 et 8. Donnez-vous 2 mois pour cela. Si vous n'y arrivez pas , inscrivez-vous pour 5 leçons supplémentaires.

Résumé de ce que vous devez préparer pour optimiser vos leçons:

- *Avant de prendre vos leçons, veillez à ce que votre matériel soit disponible et prêt : violoncelle accordé, accessoires, méthode et gommettes.*

- *Canalisez votre professeur sur les bases indispensables comme la position, la tenue de l'archet et le mouvement du bras droit, le doigté de la gamme de DO Majeur avec les gommettes posées sur la touche. Tout le reste est à considérer comme optionnel.*

- *PAS DE THEORIE DE SOLFEGE . Vous n'en avez pas besoin.*

4 La pratique

La position

D'emblée il faut retenir que **la position à adopter est votre position** et non pas celle que vous imposerait votre professeur, qui d'ailleurs, variera selon le professeur. Il faut plusieurs mois pour trouver sa position idéale. Celle-ci doit être naturelle. En fait le seul réglage est la longueur de la pique que vous déploierez.

Il faut tout d'abord fixer la position haute de l'instrument par rapport à vous. En soulevant légèrement le manche, **la cheville droite la plus basse doit coïncider avec votre oreille**. Il reste maintenant à régler l'inclinaison avec le déploiement de la pique. C'est en quelque sorte le potentiomètre du niveau sonore de l'instrument.

Si la pique est complètement déployée (faite l'essai) , cela aura pour conséquence de rapprocher la caisse de l'instrument vers vous et en particulier le chevalet. La table de l'instrument sera plus horizontale. Certains musiciens comme Tortelier adoptèrent une pique coudée vers le bas pour accentuer cet effet. Mécaniquement, cette position conduit d'une part à augmenter la pression que le bras exercera sur l'archet et à rapprocher du chevalet votre poignet droit pour l'attaque des cordes d'autre part. L'archet se positionnera près du chevalet (de l'ordre de 5 cm). **Vos constaterez que ce réglage vous amène à jouer plus fort** sous peu que vous soyez capable de maintenir l'appui nécessaire. **Cette position est la plus fatigante**. Outre l'appui du bras droit, elle nécessite de lever fortement le coude gauche pour pouvoir effectuer les doigtés de la première position. C'est ce réglage qu'adoptent généralement les musiciens professionnels lorsqu'ils jouent en soliste.

Si la pique est moyennement déployée (de l'ordre de 25 à 30 cm), la caisse de l'instrument s'éloigne de vous et votre archet se positionnera naturellement à une distance plus grande du chevalet pour l'attaque des cordes (de l'ordre de 10 cm). L'appui nécessaire à la production d'un son harmonieux est moindre. **Vous jouerez également moins fort**. Vous aurez également moins besoin de lever le coude gauche. Et votre bras droit sera moins coudé. Cette position est moins fatigante que la précédente. A vous de choisir ce qui vous convient le mieux.

Savoir corder et accorder son instrument

Le violoncelle comporte quatre cordes accordées en **quintes**: *do*, *sol*, *ré* et *la* (du grave vers l'aigu), comme pour l'**alto**. C'est pour cette simple raison que la technique exposée plus loin et que je vous préconise, s'appelle **l'accord à la quinte** (par opposition à la pratique de l'accord avec un accordeur électronique). Pour information, le violoncelle est accordé une **octave** en dessous de l'alto et respectivement une octave plus une quinte en dessous du **violon**. C'est l'un des instruments ayant la **tessiture**, c'est-à-dire la plage de tonalités la plus grande.

Il est important de savoir accorder son instrument. Cependant, il faut avoir en tête qu'un **violoncelle est très stable et peut rester accordé durant des années**, s'il n'est pas utilisé, sauf la corde aiguë qui va progressivement se distendre et sonner vers une tonalité plus grave. Pour accorder son instrument, je ne préconise pas l'achat d'un accordeur électronique comme le font par exemple les guitaristes. Le son émis par un violoncelle soumis à un coup d'archet est très riche et composé de nombreuses harmoniques. Il ne ressemble en rien à celui émis par un buzzer électronique. En pratique, vous risquez de ne pas pouvoir associer à l'oreille, le LA du buzzer et le LA du violoncelle. Je vous propose la méthode suivante basée sur l'accord à la quinte.

Il faut tout d'abord **marquer la position des harmoniques sur la touche**. A partir d'un violoncelle déjà accordé, vous effectuerez cette étape **AVANT le démontage des cordes**, notamment pour un transport. Prenez votre instrument, mettez-le à plat sur vos genoux et en pinçant les cordes, en commençant par la corde grave, cherchez la position de l'harmonique sur la touche. Procédez ainsi : La zone se trouve au niveau du coude de raccordement entre la caisse et le manche. Jouez d'abord avec le doigt, la corde à vide, puis avant l'extinction du son posez le doigt sur la corde, sans appuyer et écoutez le son résultant. L'harmonique se fait clairement entendre lorsque vous avez trouvé la position exacte. Cette position sur la touche est par ailleurs la même pour toutes les cordes. Vérifiez le. Une fois cette position trouvée, marquez-la avec tu TIPEX blanc sur la touche. Cette marque est extrêmement utile pour accorder et également pour jouer. Elle vous servira très fréquemment.

Puis, chaque fois que nécessaire, **procédez à l'accord de l'instrument**. Une fois toutes les cordes et le chevalet montés et positionnés correctement, accordez l'instrument en commençant par la corde grave dont vous aurez auparavant mémorisé le son, à l'oreille, notamment en jouant la corde à vide puis les trois notes suivantes correspondant au doigté 1,3,4. Il est important pour accorder la première corde que les 3 autres cordes soient déjà montées et tendues. Car la tension des autres cordes influe sur le réglage de la corde que vous êtes en train d'accorder.

Passez maintenant à l'accord de la corde suivante : Mettez votre violoncelle à plat sur vos genoux et jouez la corde suivante à vide. Comparer le son obtenu avec celui de la corde grave sur laquelle vous aurez appuyé le doigt à la position de l'harmonique que vous avez marqué à l'étape précédente. Le son doit être identique. Si le son de la deuxième corde est plus grave, tendez la corde en tournant la cheville. Inversement si le son est trop aigu. Procédez de même avec la troisième corde et enfin avec la corde aiguë. Attention celle-ci est fragile et il ne faut pas trop la tendre !

Une fois un premier accord obtenu, il faut **procéder au réglage fin**. Vous ajusterez alors la justesse des cordes avec les molettes situées sur le cordier. Vérifier au préalable qu'il y a suffisamment de garde pour pouvoir visser les molettes.

Tenez votre instrument comme pour jouer et utilisez votre archet. Commencez par jouer ensemble les 2 cordes les plus aiguës. Le son obtenu doit être harmonieux et agréable à entendre. En tout cas pas nasillard. La raison en est que la **différence d'accord entre deux cordes consécutives jouées à vide est une quinte**. Donc on doit obtenir un accord mutuel entre ces 2 cordes consécutives. Si ce n'est pas bon, réglez la tension de la corde aiguë avec la molette. Commencez par tendre légèrement. Essayez avec l'archet. Le son obtenu avec les deux cordes doit s'améliorer. Si c'est le cas, poursuivez la tension jusqu'à l'obtention du son harmonieux. Si votre son se dégrade , procédez de façon inverse et détendez la corde aiguë.

Vérifiez que vos gommettes sont bien positionnées :

Jouez la corde I (la plus aigüe) et posez le quatrième doigt sur la gommette. Est-ce juste ? Si non, cherchez le bon accord plus bas sur la touche. Lorsque vous pensez l'avoir trouvé, jouez simultanément la corde I sur le quatrième doigt et la corde II à vide. Cela doit sonner harmonieusement. Si ce n'est pas le cas, remontez légèrement le doigt et recommencez. Une fois le bon accord trouvé, tendez légèrement la corde I avec la molette sur le cordier et jouez les deux cordes comme précédemment. Pour jouer juste, votre quatrième doigt doit maintenant se retrouver exactement sur la gommette. Dans cette étape, il ne faut jamais régler la justesse avec la cheville ! vous allez perdre tous les réglages et passer un temps certain à retrouver la justesse de votre instrument !

L'explication est qu'entre deux séances musicales , la corde I a pu légèrement se détendre. Les autres cordes restent en principe à la bonne tension.

Une fois, ce réglage fin obtenu, procédez de même en accordant la deuxième corde en jouant simultanément la deuxième et la troisième corde. Ainsi de suite. Il faut toujours commencer par les cordes aiguës car l'accord à la quinte des cordes graves est peu sensible et difficile à discerner à l'oreille. Cette phase d'accord en jouant la gamme vous sert également à étalonner l'écartement entre vos doigts.

La vérification ultime est à réaliser en jouant la gamme complète à l'archet successivement sur les quatre cordes avec tous les doigtés. Si ce n'est pas satisfaisant, il faut recommencer le réglage fin en commençant par la corde présumée qui joue faux. Recommencer l'accord à la quinte des autres cordes. Puis jouez un morceau que vous connaissez bien. Si c'est correct, votre instrument est accordé. A partir d'un instrument complètement démonté, l'accord de l'instrument vous prendra de une demi-heure à une heure. Concentrez-vous sur ce préalable indispensable et ne cherchez-pas à jouer par la suite. Vous reporterez cela au lendemain. Evidemment c'est infiniment plus long que ce que pratiquera un professeur ou un luthier. Cela traduit la différence d'oreille entre un professionnel et un débutant !

Résumé de la façon d'accorder un violoncelle à la quinte :

- *Pas besoin d'un accordeur électronique.*

- *Repérez et marquez la position des harmoniques sur la touche,*

- *Réglez grossièrement la tension des cordes en agissant sur les chevilles et en commençant par le grave en pinçant les cordes (comme à la guitare) , instrument à plat sur vos genoux,*

- *Procédez au réglage fin en jouant les cordes à l'archet deux à deux. Cherchez le son harmonieux qui correspond à l'accord à la quinte. Le réglage fin de la tension des cordes s'effectue à l'aide des molettes sur le cordier.*

- *Vérifiez et recommencez le réglage fin avec les molettes, si besoin*

Les partitions téléchargeables et le son d'accompagnement

On rappelle ici que le téléchargement de partitions gratuites est une infraction à la loi sur la propriété intellectuelle et sur les droits d'auteur. On rappelle ici la législation :

La reprographie d'une partition éditée est interdite. Cependant, dans certains cas, des conventions la permettent. Par exemple, l'utilisation dans le cadre de l'éducation nationale.

Néanmoins l'extraction et la copie d'une partition est licite dans le cas d'une utilisation privée :

La photocopie de partition musicale n'est pas autorisée par la loi sauf usage privé du copiste (au domicile du copiste) et pour usage personnel. Sont visées les reproductions effectuées par les particuliers dans l'intimité de leur foyer.

Il existe un site internet qui pallie le problème d'obtention de partitions gratuites. Il s'agit d'une communauté de musiciens qui réalisent des adaptations d'œuvres en créant eux-mêmes leurs arrangements. Ces musiciens les partagent gratuitement avec la communauté, c'est-à-dire si vous êtes inscrit sur le site. L'inscription est bien sûr gratuite. Vous pouvez d'ailleurs vous-même proposer plus tard votre propre arrangement d'une œuvre avec sa partition associée. Le site s'appelle **MUSESCORE**

Sur cet exemple, vous pouvez télécharger la partition complète ou la partition par instrument au format PDF ainsi que la mélodie générée par un synthétiseur au format MP3. Le son est un peu « chimique » néanmoins !

Lors du jeu de la mélodie par l'ordinateur, l'application visualise sa progression sur la partition, ce qui vous permet de repérer les difficultés.

Transporter son instrument

Voilà une problématique qui rebute voire dissuade de se lancer dans la pratique d'un instrument considéré comme volumineux. La vision de ces jeunes musiciens transportant leur instrument sur leur dos dans une coque rigide n'est pas sans rappeler le personnage d'Obélix livrant son menhir, toute proportion gardée. Il est rare d'observer un musicien d'âge mûr se déplacer avec son instrument de la sorte.

Personnellement **je ne recommande pas l'achat d'une coque de transport rigide**, par ailleurs très onéreuse car son besoin ne me semble pas justifié. Je préconise plutôt l'achat d'une **housse doublée** de mousse. Ce léger rembourrage protégera l'instrument contre les petits chocs. En effet, examinons les situations pour lesquelles vous aurez à transporter votre instrument :

-Prendre des leçons avec un professeur : Si vous habitez à la campagne, vous vous y rendrez en voiture. Le violoncelle sera parfaitement protégé dans sa housse.

-Si vous habitez dans une grande ville, vous restez à domicile car c'est le professeur qui se déplacera chez vous et non l'inverse (voir chapitre : Démarrer l'apprentissage – les leçons),

-Jouer en groupe avec d'autres musiciens : Si vous voulez jouer en groupe pour socialiser, préférez le transport en voiture jusqu'au lieu de répétition. Personnellement , j'ai transporté mon violoncelle dans le métro , protégé dans sa housse. C'est acceptable aux heures creuses.

-Si vous jouez en groupe pour progresser, là aussi les techniques modernes vous permettent d'avoir l'orchestre à domicile et donc d'éviter de vous déplacer (voir chapitre : les évolutions technologiques au service de l'apprentissage)

-Vous êtes muté en province ou à l'étranger : Vous vous y rendez nécessairement par avion avec votre instrument.

Pour information : il faut savoir que les musiciens professionnels qui voyagent en avion achètent deux places ; l'une pour eux et l'autre pour l'instrument. Dans la pratique , le personnel de bord considère que l'instrument posé sur un siège , avec ou sans coque, n'est pas correctement arrimé. L'hôtesse le placera dans un placard de rangement.

Vous n'êtes pas professionnel et donc comment procéder à moindre coût ? J'ai pratiqué personnellement environ 10 fois la méthode suivante :

° Démontez tout ce qui rend l'instrument encombrant et fragile à savoir les cordes, les chevilles , le chevalet et le cordier. **Il est très important dans cette opération de bien repérer la position des chevilles qui sont coniques et appairées dans leurs logements respectifs**.

° L'instrument ainsi démonté, mis dans sa housse de transport, paraît moins volumineux. Au besoin sangler la housse autour du manche.

° Lors de l'enregistrement de vos bagages argumentez que vous vous déplacez avec une grosse guitare. **Il faut absolument que votre violoncelle soit enregistré en « bagage cabine »** et qu'il soit muni d'une étiquette ad-hoc que vous conserverez pour le voyage suivant.

° Si vous voyagez dans un petit avion, confiez votre violoncelle comme d'ailleurs les autres passagers avec leurs les valises cabine , au personnel de bord qui le rangera délicatement dans la soute arrière en le posant au-dessus du reste. Après l'atterrissage vous récupérerez immédiatement votre instrument à la descente de la passerelle.

° Une fois arrivé à destination cela vous donnera l'occasion de mettre en pratique les préceptes de corder et accorder votre instrument.

Important : tout violoncelle « protégé » dans une coque rigide et confié à l'enregistrement comme bagage en soute sera cassé à l'arrivée. Cela m'est arrivé…

Résumé de la façon de protéger son instrument pour le transporter :

- *N'achetez pas une coque rigide , préférez une housse .*

- *Appréhendez sans paniquer le transport de votre instrument par avion,*

- *Pour cela démontez tout ce qui le rend encombrant et fragile ; cordes, chevilles, chevalet et sangler la housse autour du manche pour minimiser son volume,*

- *Faites enregistrer votre instrument en « bagage cabine ».*

- *Prenez soin avant le démontage des chevilles de repérer leurs positions. Elles sont appairées.*

Comment organiser sa séance musicale

Que vous débutiez ou que vous ayez déjà quelques années de pratique, votre séance musicale s'organisera toujours de la même façon :

*corrigez d'abord l'éventuelle dérive d'accord de votre instrument,

*jouez la gamme pour ajuster votre main gauche et jouez les notes par automatisme,

Pour poursuivre, jouez en descendant puis en montant les notes sur toutes les cordes. Faites cet exercice, jusqu'à jouer juste. Votre main gauche, que vous ne regardez pas quand vous jouez, doit prendre ses repères de position. Rejouer la gamme en regardant devant vous. Vous jouerez juste.

C'est pour cette raison que lorsque vous êtes très débutant, il vaut mieux rester sur la même gamme, car votre main gauche n'acquiert qu'un seul réglage à la fois.

*jouez votre morceau favori du moment pour vous échauffer mais aussi pour jauger votre forme et votre aptitude et disponibilité,

*pratiquez les deux ou trois morceaux que vous êtes en train d'étudier, pour confirmer votre aptitude,

*enfin déchiffrez votre prochain morceau.

Pendant ces différentes étapes vous vous rendrez-compte par vous-même de votre forme. Lors de l'échauffement, si vous faites des erreurs et que vous n'êtes pas satisfait de votre jeu, arrêtez et rangez votre instrument. **Analysez par contre très consciencieusement la raison pour laquelle votre jeu a été mauvais**.

-Vous étiez préoccupé et avouez-le, vous pensiez à autre chose et cela vous a déconcentré,

-Vous avez passé une journée harassante. Vous pensiez vous détendre en faisant un peu de musique. Mais la forme n'y est pas,

-Vous n'avez pas joué depuis longtemps , la dextérité n'est plus au rendez-vous. Il vous faut pratiquer plus régulièrement,

-Cela fait déjà plusieurs fois que votre instrument sonne mal. Franchement, j'ai la conviction qu'il est mal réglé.

Si vous admettez la raison pour laquelle vous avez mal joué, vous allez à coup sûr progresser ! Dans un contexte d'enseignement académique, c'est la culpabilité qui vient des brimades et du manque d'auto-analyse de votre jeu qui provoquent les abandons.

Jouez vos morceaux habituels en essayant de vous imposer un rythme très lent de façon à travailler le son et la justesse. Puis rejouez votre morceau en vous imposant le mouvement correct de l'archet (attaquer la mesure en tirant) . Lorsque vous jouez plusieurs mesures consécutives, vous devez faire en sorte, si possible et si approprié, que chaque mesure débute en tirant l'archet. Dans cet exercice, ne jouer qu'une seule ligne de la partition et n'attaquez la deuxième que si le résultat sur la première ligne est positif. Enfin, jouez en rythme avec le métronome, toujours très lentement.

Je vous propose de jouer trois fois chaque morceau. A la troisième fois, voire à la seconde, votre jeu doit être significativement meilleur qu'à la première fois. Si c'est le cas, en avant pour le déchiffrage d'un nouveau morceau.

Déchiffrer un nouveau morceau

Avant de se lancer dans l'étude d'un nouveau morceau, il faut avoir en tête que de tout temps, il y a toujours eu deux façons d'apprendre. La première par l'oreille, c'est-à-dire par la répétition d'écoute et par la reproduction pas-à-pas, avec l'aide de la mémoire auditive, des phrases musicales constitutives de la mélodie. L'autre plus académique, consiste à lire et analyser une partition et simultanément à la jouer en suivant scrupuleusement les règles du solfège.

L'écoute, la mémorisation puis l'exécution du jeu sans partition a été pratiquée de tout temps par les gitans... Mais aussi par les solistes virtuoses. C'est la technique qui donne la meilleure virtuosité , parce que le temps économisé sur la lecture des notes, est ainsi mis-à-profit pour être pleinement consacré au jeu de l'instrument. Il est parfaitement connu qu'il est impossible de jouer les 21 caprices de Paganini, une des difficultés majeures du violon, en lisant une partition. A l'inverse, en se limitant à la seule écoute pour l'apprentissage de nouveaux morceaux, on réduira nécessairement son potentiel à des morceaux simples et de courte durée . Il sera également difficile de jouer avec d'autres musiciens, devant l'impossibilité d'argumenter sur une partition , les points de désaccord ou à travailler de concert.

Néanmoins je vous propose, même si vous vous rangez à l'apprentissage par la lecture de partitions, d'apprendre par cœur cette pièce bien connue de J.S. Bach et très facile à jouer :

J'ai remarqué dans mon cas, que l'apprentissage de nouveaux morceaux en se limitant à la lecture exclusive de partitions, entraîne une sorte d'habitude qui devient extrêmement difficile à perdre. Vous constaterez après un certain temps qu'il vous sera pratiquement impossible d'apprendre un nouveau morceau par l'oreille, en faisant appel à votre mémoire auditive.

Le meilleur compromis, me semble-t-il, consiste à faire appel aux deux techniques en prenant en compte que le « phrasé » et le rythme sont les notions les plus difficiles à acquérir. Je vous conseille d'apprendre la justesse et le doigté avec la partition. Vous pourrez acquérir le rythme par une écoute répétée du morceau, par exemple dans votre voiture durant les trajets professionnels. Ainsi à force, vous assimilerez correctement l'ensemble du morceau.

Si vous êtes très débutant ne vous préoccupez pas pour l'instant du rythme et des mouvements d'archet. Concentrez-vous sur l'exactitude et la justesse de votre jeu.

Commencez par annoter votre partition au crayon en y mentionnant le doigté correspondant à **chaque note**, sur deux lignes aux maximum.

Repérez les altérations, c'est-à-dire :

*Les notes notées « dièse » que l'on joue ½ ton au-dessus de la note normale. Il faudra décaler le doigté d' ½ ton vers le bas de la touche. Par exemple si la note normale se joue avec le doigté « 2 », le dièse se jouera avec le doigté « 3 ».

*A l'inverse, les notes notées « bémol » que l'on joue ½ ton en dessous de la note normale. Il faudra le plus souvent décaler la main de ½ ton vers le haut de la touche.

Les notes altérées **conservent leur altération sur une mesure complète** au moins, c'est-à-dire entre deux barres verticales divisant la portée. Le retour à la note normale est signalé par le symbole « bécarre » :

Pour vérifier à l'oreille que votre annotation est correcte, je vous invite à récupérer le morceau que vous déchiffrez sur YOUTUBE et à l'écouter plusieurs fois en suivant la mélodie sur la partition. Lorsqu'une note vous paraît anormale à l'oreille, c'est qu'il s'agit vraisemblablement d'une altération. Cherchez alors pour cette note le doigté qui convient. Corrigez le doigté sur la portée en conséquence. Là encore, ne vous préoccupez que de la justesse de votre jeu. Celle-ci viendra rapidement.

Si vous avez déjà quelques mois de pratique et que la justesse est acquise sur les trois gammes usuelles, il faut alors travailler la main droite et le rythme. Cette tâche est significativement plus difficile que le travail de la justesse. Aussi consacrez y ½ heure et réduisez votre déchiffrage à une ligne de portée.

Il y a, on l'a vu, une correspondance directe entre vos coups d'archet et le rythme de votre jeu. Sur certaines partitions, les coups d'archets sont déjà mentionnés par le symbole ⊓ qui signifie tirer l'archet et respectivement le symbole V qui signifie pousser. Il peuvent être déjà notés sur la portée :

Si ce n'est pas le cas, annotez les coups d'archet pour chaque mesure sur la partition avec les symboles précités, en réfléchissant sur la meilleure règle à adopter. Faites-le au crayon car ce travail est difficile et donne lieu à beaucoup d'itérations.

Jouez le plus lentement possible en ne cherchant pas à vous raccrocher à la mélodie. Reportez-vous pour les mouvements d'archet aux indications du paragraphe 3. Répétez les séquences où vous butez et non celle que vous savez.

Résumé de la façon de déchiffrer un nouveau morceau :

- *A ne faire que lorsque vous vous êtes échauffé et que votre jeu est correct.*

- *Annotez toutes les notes de la partition avec le doigté correspondant. Attention aux altérations.*
- *Lorsque vous êtes un peu plus expérimentés, annotez tous les mouvements d'archet sur la partition. Tenez- compte des notes liées.*
- *Limitez-vous de une à une ligne et demie de portée. Répétez votre jeu uniquement là où vous butez.*
- *Jouez le plus lentement que possible et privilégiez la qualité du son et le mouvement régulier de l'archet.*

4 évolution de votre pratique
Jouer en groupe

Immanquablement au fur et à mesure de votre progression, vous éprouverez l'envie de jouer en groupe. Vous avez d'ailleurs remarqué que la pratique d'un morceau à deux voix avec votre professeur ou avec un ou une amie violoncelliste est extrêmement valorisante, comparé à un jeu à une seule voix. Vous voilà donc à la recherche d'autres musiciens et vous êtes tenté de pousser la porte d'un conservatoire.

Celui-ci ne vous acceptera malheureusement, outre les frais d'inscription élevés, que si vous avez le viatique, c'est-à-dire les années de solfège que vous n'avez pas voulu affronter. Vous êtes donc coincé ! En effet, la différence que vous aurez avec d'autres musiciens n'est ni plus ni moins que cinq années de solfège !

Aussi, je vous conseille de rester sur des partitions à deux voix. Comme vous n'êtes pas encore aguerri à la 4e position, étudiez la voix d'accompagnement, plus grave, et pratiquez ainsi avec un(e) partenaire qui jouera la voix principale. Ainsi vous progresserez notablement dans le rythme.

Si vous n'arrivez pas encore à vous synchroniser avec votre partenaire, je vous propose une solution où un(e) partenaire virtuel (le) vous accompagnera. Pour cela il s'adaptera à votre rythme et compensera vos éventuelles hésitations.

Les évolutions technologiques au service de l'apprentissage

Heureusement, des chercheurs de l'IRCAM se sont penchés sur ce problème et ont travaillé pour mettre au point un outil logiciel d'accompagnement musical adapté au débutant :

« Le fruit des recherches récentes de l'IRCAM permet de pallier le problème de l'accompagnement d'un musicien débutant. « Un musicien amateur peut en effet vouloir pour des raisons pratiques, s'entraîner et jouer sa partie tout seul, en l'absence d'autres musiciens. Pour cela, il suffit, à partir de la partition musicale, de déléguer les parties des autres instruments à des sons préenregistrés ou bien à des synthétiseurs d'instruments. Autrement dit, on peut remplacer la partie d'accompagnement par un support numérique. Dans un schéma figé, l'accompagnement peut être un enregistrement sonore simple (sans la partie solo). Dans ce cas, la partie solo est exécutée de façon synchrone avec ce support fixe. Dans un schéma idéal, à l'image d'un accompagnement musical humain, il est préférable pour l'accompagnement de débutants, que ce soit la partie d'accompagnement qui s'adapte en temps réel au jeu de l'instrumentiste : ralentir ou accélérer la vitesse d'interprétation, et modifier les dynamiques en fonction de l'interprétation de l'œuvre. Dans ce cas, nous avons besoin d'un système d'accompagnement automatique.

En accompagnement automatique, l'ordinateur joue le rôle d'un musicien virtuel et agit en fonction du jeu de l'instrumentiste en temps réel. Il doit donc être doté d'une capacité d'écoute temps réel ainsi que d'une capacité d'entreprendre les actions musicales en coordination et de façon synchrone avec le jeu de l'instrumentiste. Il prend donc en entrée la partition solo ainsi que la partition d'accompagnement, et utilise le flux du son en temps réel pour écouter, synchroniser et réagir en fonction du texte musical. le schéma global de l'ordonnancement des événements reste le même, mais la proportion temporelle des événements ainsi que leurs relations internes fluctuent lors de l'exécution provenant du musicien et de son interprétation. En écoutant, il est aussi évident que l'accompagnement agit en fonction du jeu en temps réel : il ralentit et en l'occurrence attend l'interprète pendant les pauses. L'autre point essentiel, en comparant les deux interprétations, est la présence d'*erreurs* éventuelles de la part de notre musicien amateur. Malgré les erreurs, le système doit être capable de gérer *musicalement* l'accompagnement et de ne pas forcément s'arrêter, ce qui est le cas au milieu de cette interprétation. »

Comment procéder pour disposer de cet outil ?

La société ANTESCOFO dont les développeur viennent de l'IRCAM a été créée en 2016 à Paris. Une application sur smartphone , appelée **METRONAUT** a été développée. Cette **application est gratuite et disponible sur APPLE-STORE**. A ce jour il n'existe que 4 œuvres disponibles au répertoire pour violoncelle. Cependant, cette application progresse vite et s'étoffera très rapidement.

Doigtés d'autres gammes jouables en première position

Si bémol majeur

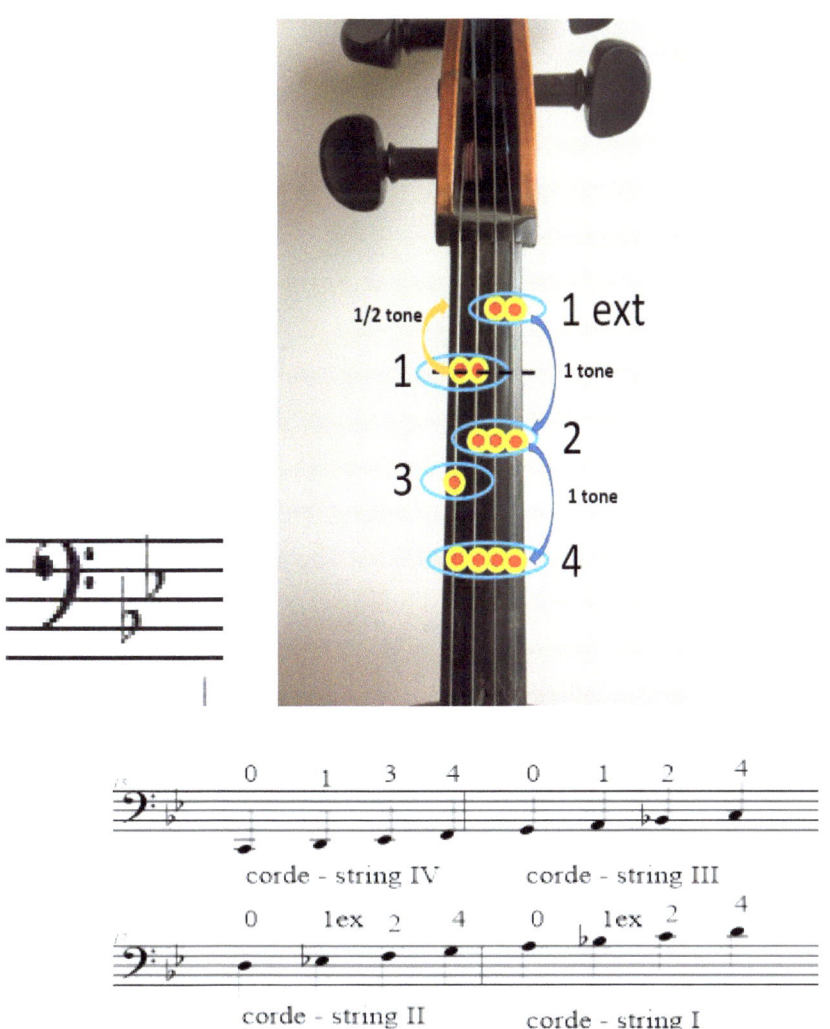

Ré majeur

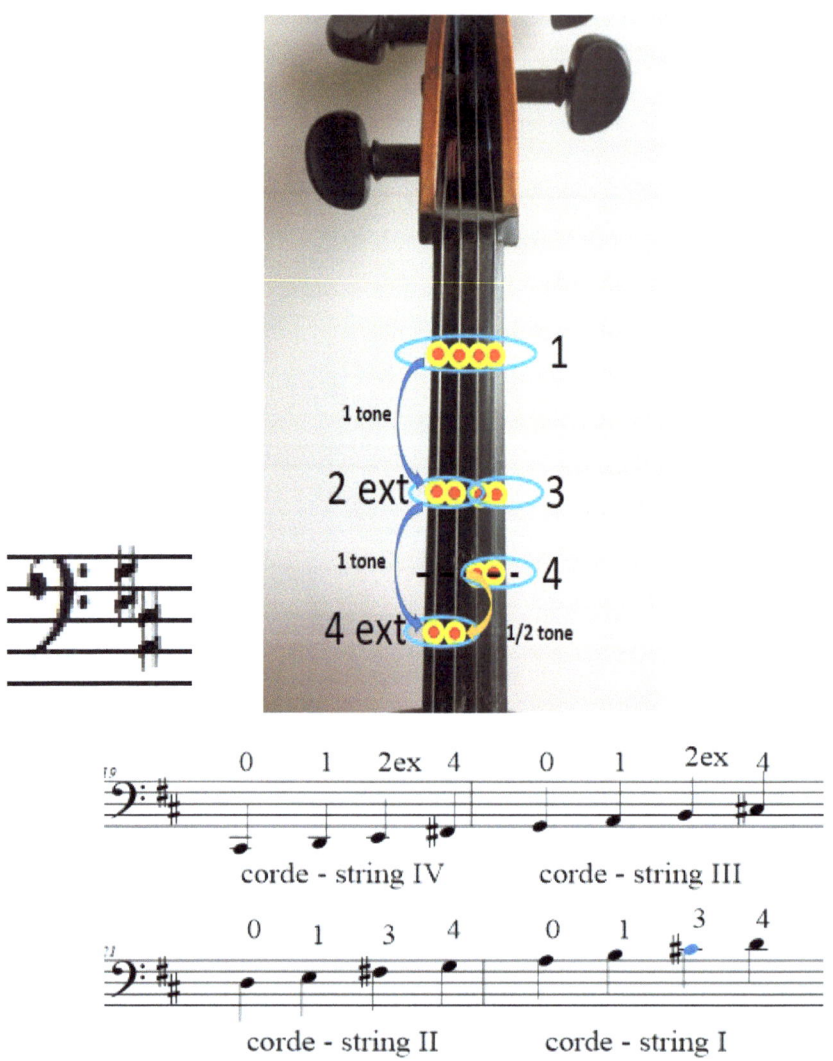

Remarque : Pour aller plus loin et jouer d'autres gammes il faut , au préalable, se familiariser avec la 4ᵉ position.

Glossaire

La description de l'instrument – Le vocabulaire

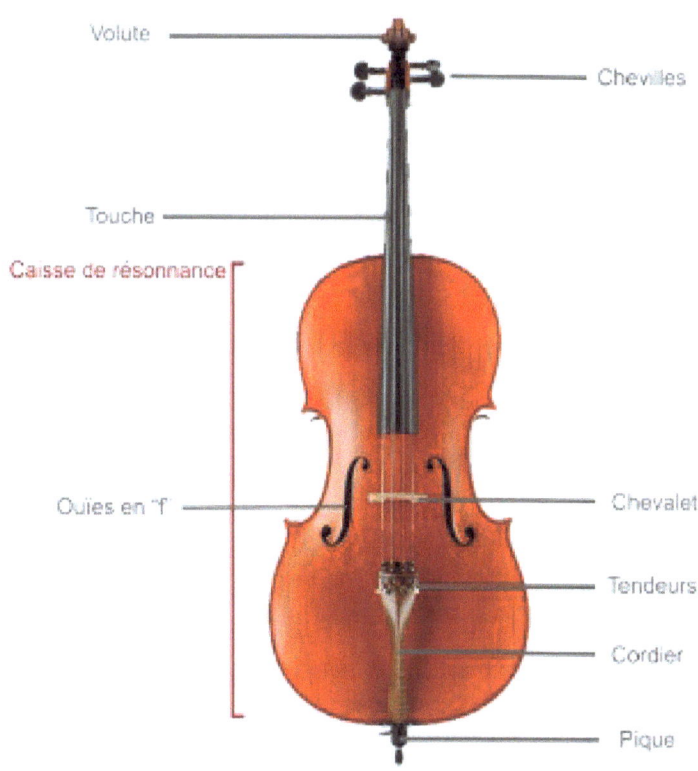

Propositions de morceaux praticables partitions et méthodes

1) Méthode du jeune violoncelliste L.R. FEUILLARD édition DELRIEU. *C'est la méthode la plus répandue, vraisemblablement celle que votre professeur vous demandera pour débuter. A éviter cependant au-delà de la leçon 20 , car au-delà, elle devient rébarbative.*

2) L'ABC du jeune violoncelliste Michel TOURNUS édition Gérard BILLAUDOT. *Cette méthode pour enfant comporte un CD permettant d'écouter la partition que vous avez à jouer. Elle Permet ainsi de s'entraîner à la justesse tout seul . En alternative toute méthode comportant des morceaux simples avec un CD d'accompagnement pourrait convenir.*

3) 40 Etudes amusantes pour violoncelle et piano ou 2 violoncelles. Frédéric BORSARELLO Editions COMBRE. *Si vous avez la chance de pourvoir être accompagné au piano pendant votre apprentissage.*

4) R&B classics for cello. 11 solo Arrangements with Play Along CD. *Avantage de pouvoir écouter les morceaux sur un CD. Si vous voulez jouer autre chose que du classique.*

5) BREVAL Leichte Stüke édition SCHOTT. *Une liste d'études faciles à jouer et néanmoins agréables. A utiliser pour s'échauffer avant de s'attaquer à un morceau plus conséquent.*

6) LEE 40 Easy Studies. Edition SCHOTT. *Difficulté un peu plus grande que pour les études de BREVAL.*

7) Johann Christoph Friedrich Bach. Sonate en G dur et Sonate en G major pour violoncelle et basse continue. Edition BARENREITER. *Deux sonates du répertoire accessibles et faciles à jouer.*

8) De BOIMORTIER Sonate en sol Majeur pour violoncelle et orchestre à cordes (réduction violoncelle et piano) édition DELRIEU.

9) De BOIMORTIER Sonate en mi mineur pour violoncelle seul et 2 violoncelles édition SCHOTT.

10) J.B. BREVAL Concertino II en Ut majeur pour violoncelle et piano . Révision L.R. FEUILLARD. Edition DELRIEU.

11) J.B. BREVAL Concertino 5 pour violoncelle et piano. Révision L.R. FEUILLARD édition DELRIEU.

12) SCHAFFRATH Sonate en Sol Majeur pour violoncelle et basse continue Hugo Ruf. Edition SCHOTT.

13) J.S. BACH Suites pour violoncelle solo. Wiener Urtext Edition . SCHOTT universel Edition. Les 6 suites de Bach. *Un incontournable même si seules les trois premières sont accessibles.*

14) D. GABRIELLI . Les œuvres complètes pour violoncelle . HORTUS MUSICUS. *Musique Baroque très agréable à jouer et à entendre contenant 7 ricercars et 2 sonates.*

15) SCHUMANN Fantaisie pour violoncelle opus 73. Version pour violoncelle. Edition G. Henle Verlag. *C'est très difficile mais tellement beau !*

Quelques partitions pouvant être téléchargées (en particulier sur le site MUSESCORE)

16) Anonyme GREENSLEEVES . Arrangement par Paul Fleury. *Facile pour débuter.*

17) LULLY Astrée Partition de Phaeton et troupe d'Astrée. *Beau morceau de caractère.*

18) HANDEL Cantate HWV 91 a.

19) SCHUBERT andante OP 100 du concerto en FA Majeur . *Air bien connu emprunté par Stanley Kubrick dans Barry Lindon.*

20) CORELLI Concerto grosso op 6. *Beaucoup de caractère. Difficile mais cela vaut le coup !*

21) VIVALDI Concerto pour violoncelles en DO majeur. *Pour 2 violoncelles. Facile si on joue la partie d'accompagnement.*

22) RAMIN DJAWADI Game of Thrones incluant the Rain of Castamere, Winterfell. Pour 1 ou 2 violoncelles.

7 Méthode

Vous pourrez démarrer votre apprentissage avec les morceaux qui suivent. Ils sont néanmoins un peu plus difficiles que les premiers morceaux de la méthode Feuillard. Ils sont classés selon quatre catégories. Les partitions sont annotées pour vous aider :

***travail de la justesse** . Nous vous proposons un à deux morceaux faciles dans chaque gamme usuelle pour acquérir les doigtés,

***travail de la dextérité**. Vous trouverez quelques arpèges ou morceaux nécessitant de s'exercer au travail d'extension et de rapidité de positionnement des doigts,

***travail du rythme** : Les classiques du poussé, tiré de la main droite.

***partie ludique** : elle contient quelques morceaux connus et sympa à jouer et au préalable, à annoter par vous-même. Ils vous permettront de valoriser votre apprentissage.

Nota : les partitions sont imprimées avec une taille suffisante pour qu'elles soient visibles depuis un pupitre. Il vous faut découper les pages associées. Cet artifice a été mis-en-œuvre délibérément pour ne pas grever le prix du présent ouvrage en le maintenant à un format réduit.

Merci de votre compréhension !

Le Violoncelle. Guide & méthode pour débuter

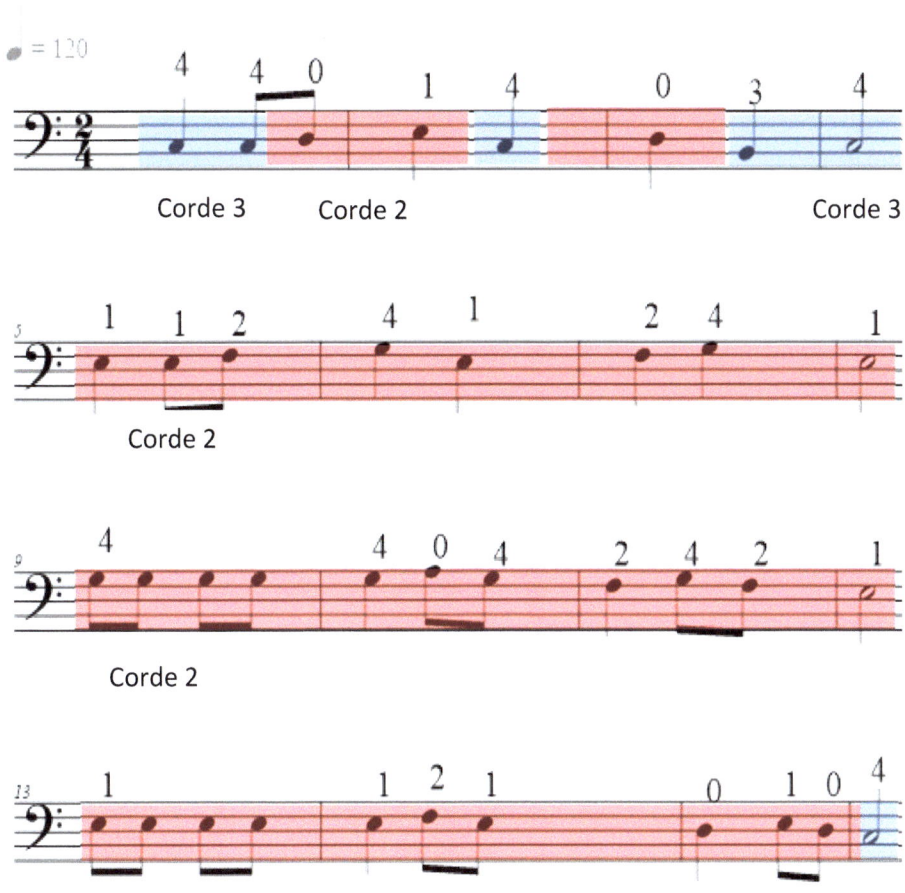

Travail de justesse :

Votre effectuerez votre première leçon sur cet air populaire : « le carillonneur ».

L'avantage est qu'ici, tout le monde connait cet air par cœur. Cela vous permettra de le jouer dans un rythme correct sans vous préoccuper du déchiffrage de la valeur des notes (noires, croches et blanches).

Travaillez lentement ligne par ligne à une pulsation non supérieure à 60.

Lorsque vous maîtrisez à peu près ce morceau, essayez de le jouer à la vitesse normale, soit à une pulsation de 120.

Nota : Pour vous aider, les cordes sont indiquées par des couleurs différentes.

Travail de justesse :

Ci-joints deux extraits en gamme de DO majeur.

  Le premier est le début de la bourrée de la 3ᵉ suite de Bach pour violoncelle solo. Cet extrait vous laisse le temps de jouer plusieurs notes sur la même corde (de 3 à 5 notes) et donc de vous familiariser avec les doigtés sur une seule corde .

  Le deuxième appelé « Monsignor » est un échauffement vocal pratiqué par la chorale parisienne « Les voisins du dessus ». C'est un air très entraînant et gai. L'intérêt de ce morceau par rapport au précédent, est qu'il introduit des changements de rythme dans son écriture (noires, noires pointées, blanches et triolets) pour produire la mélodie. Les deux phrases musicales sont répétées, ce qui devrait vous permettre de consolider la mélodie en sollicitant votre mémoire auditive.

Nota : en bleu et alternativement en blanc, les notes jouables sur la même corde

Travail de justesse :

Un extrait de l'allegretto de la sonate en SOL majeur de Johann Christoph Friedrich Bach (Fils de Jean Sébastien).

Cet exercice a pour but de vous **initier aux extensions** que vous devrez travailler avec votre professeur, car le doigté est spécifique et ne s'intuite pas. Dans la gamme de SOL majeur, il n'y a qu'une seule extension sur la 4eme corde. Vous aurez donc à vous exercer sur ce doigté. Cet exercice concerne les 4e, 5e et 6e lignes.

Jean Christoph Bach en a introduit également des altérations sur la 3e corde. Elles sont notées dièse sur la partition.

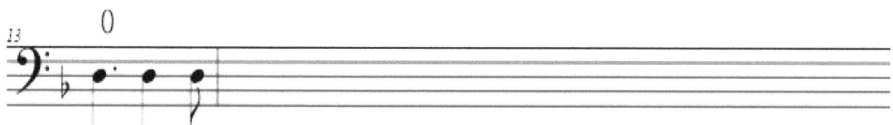

Travail de justesse :

Greensleeves, air anonyme mais au combien connu, en gamme de SOL majeur.

Nota : Les notes notées ♮ seront jouées sans altérations c'est-à-dire comme dans la gamme de DO majeur.

Pas d'affolement avec les croches, les croches pointées et les doubles croches. Lorsque vous déchiffrez, ne vous préoccupez pas de la valeur des notes mais uniquement de la justesse. Lorsque vous aurez reconnu la mélodie lors du déchiffrage, l'air étant très connu, le rythme vous viendra naturellement.

Travail de la dextérité :

Arpèges de Sebastian Lee .

  Outre l'exercice de doigtés dans la gamme de DO majeur, cet arpège vous exercera à jouer sur toutes les cordes pour effectuer un crescendo et un décrescendo de la gamme.

  Bien appuyer sur l'archet pour jouer les notes distinctement sur la 4e corde.

Nota : découper cette page et la page suivante qui font toutes deux partie de la même étude

Travail de la dextérité :

Extrait d'une suite « facile » en SOL majeur pour deux violoncelles de Jean Baptiste Bréval .

Il s'agit ici d'arpèges combinant à la fois le travail de doigté et le passage d'une corde à l'autre et donc, un travail de précision de la main droite. Il faut éviter , pour chaque transition, de frotter deux cordes à la fois.

Nota : cet exercice vous permet de vérifier que votre chevalet est bien étagé. S'il vous est impossible, après une certaine pratique de ce morceau, de frotter les cordes isolément sans interférer sur la corde voisine, il faut aller voir votre luthier.

Travaillez très lentement ce morceau à la pulsation de 30. Chaque note doit être jouée avec un coup d'archet. Essayer de donner une course d'un demi archet pour chaque note, de façon à obtenir un son ample et clair.

Vous avez également 2 extensions à travailler sur la 3e corde.

Travail de la dextérité :

Extrait du Ricercar n° 6 de Domenico Gabrielli . La suite du morceau figure ci-après :

Annotez vous-même les doigtés sur la partition. Cela fait partie de l'exercice.

Travail du rythme :

Game of Thrones - extrait de « The Rain of Castamere » de Ramin Djawadi en Fa majeur, adapté pour violoncelle.

Imprimez le rythme correct dans la succession des noires pointées suivies des croches. On joue la noire pointée en traînant un peu , puis la croche dans une quasi impulsion. Il faut bien percevoir la différence de valeur entre la noire pointée suivie de sa croche et les successions de quatre noires à la 2e mesure de la troisième ligne et la 3e mesure de la quatrième ligne. Joué ainsi, le jeu aura toute son expression.

Appliquez la succession de mouvements d'archet telle qu'indiquée sur la partition. Commencer le morceau en poussant car la première mesure est incomplète. On doit démarrer chaque mesure en tirant (règle n° 1) et ce d'autant plus qu'elles commencent par des notes longues comme des noires pointées ou des blanches pointées. Cela donnera également plus de personnalité au jeu.

Il faut jouer, même si ce n'est pas indiqué, dans le même mouvement d'archet, la note marquée du symbole tiré ou poussé et la note immédiatement voisine , comme si elles étaient liées.

Travail du rythme :

Vivaldi - extrait du concerto en DO majeur pour deux violoncelles. Début du Largo

Travaillez la régularité du mouvement de l'archet en profitant que le rythme soit toujours le même , les trois dernières notes mises-à-part.

Les notes sont liées deux à deux.

Cet exercice combine également le changement de cordes au sein des mêmes doubles croches (raison pour laquelle figurent les doigtés).

Déchiffrez d'abord très lentement (tempo à 30) en prenant la précaution de travailler le son pour les notes « poussées », plus difficiles d'exécution.

Partie ludique :

Extrait du concerto grosso pour violoncelle seul de Corelli en Si bémol majeur. Il s'agit de la deuxième partie de l'Allegro. La première partie pose plus de difficultés dans l'exécution.

Il n'y a quasiment pas de changement de rythme dans ce morceau. Les croches s'enchaînent sans interpositions d'autres notes sauf la noire pointée en fin de première ligne.

La difficulté réside dans le tempo rapide qui nécessite une certaine « virtuosité » dans la réalisation des doigtés. C'est un très bon exercice de dextérité de la main gauche . Ici il ne faut pas chercher à jouer rapidement d'emblée mais à enchaîner **lentement** les notes lors du déchiffrage. Ne travailler qu'une seule ligne à la fois.

Une fois la justesse et les automatismes de doigtés acquis, repérer vos mouvements naturels d'archet. Y a-t-il des difficultés d'attaque ? Y a-t-il des grincements systématiques sur certaines notes ? Annoter la partition avec les tirés poussés là où il y a une difficulté.

Notez que vous aurez deux notes à jouer en 4e position. Ne pas s'attarder sur celles-ci. Elle doivent se jouer rapidement comme les autres. Collez une gommette pour ce doigté spécifique sur la touche pour éviter les tâtonnements et hésitations.

Partie ludique :

Première partie de l'étude dite « Affetuoso » de Jean Baptiste Bréval en gamme de FA majeur.

Ce morceau est extrêmement expressif si on le joue par des attaques franches sur les noires. Les mentions poussé – tiré sont des indications académiques. Mais vous devez suivre votre intuition pour jouer ce morceau en privilégiant l'expression.

Je vous propose , une fois que vous aurez trouvé la bonne façon de le jouer, de discerner vos propres mouvements d'archet et de les transcrire sur cette partition qui mentionne les mouvements « théoriques ». Vous vous rendrez-compte ainsi, de l'importance de la personnalisation du jeu.

Ici, c'est l'expressivité du jeu qui prime sur tout le reste. Cet exemple pour vous en rendre compte !

Luthiers en région parisienne

*Les luthiers du quatuor – Bourg La Reine 92340- tel : 01 46 64 34 96

*Classique lutherie – Massy 91300 – tel : 01 60 11 76 43

*Yann Cornillet luthier- Clamart 92140 – tel : 06 68 41 10 74

*Atelier Chat luthier – Issy Les Moulineaux 92130 – tel : 01 40 93 42 12

*Alienor lutherie – Paris 75008 – tel : 01 45 22 89 81

*Les luthiers de l'Est Parisien – Paris 75011 – tel : 09 50 48 59 97

*L'atelier de luthier Jean Clément Grisard – Saint Denis 93200 – tel : 06 64 17 48 36

*EDEN Lutherie – Villemomble 93250 – tel : 01 48 94 29 20

*Atelier Collado Sarl – Paris 75013 – tel : 01 53 82 38 76

*Yann Porret – Paris 75012 – tel : 01 48 03 15 10

*Pierre Jaffré luthier – Paris 75008 – tel : 01 42 93 31 10

*Philippe Malard Luthier – Sannois 95110 – tel : 01 39 98 87 11